Este libro es dedicado a mis hijos - Mikey, Kobe y Jojo.

Copyright © Grow Grit Press LLC. Todos los derechos reservados. Ninguna parte de este libro puede ser reproducida en ninguna forma sin el permiso por escrito de la editorial. Por favor, envíe solicitudes de pedido al por mayor a growgritpress@gmail.com 978-1-63731-340-4 Impreso y encuadernado en los Estados Unidos. NinjaLifeHacks.tv

El Ninja Audaz

Por Mary Nhin

Me estaba sintiendo mal.

Todo lo que había intentado lograr últimamente había fracasado, y no podía entender por qué.

Ojalá hubiera una mejor manera de conseguir lo que quería.

Un día, mi amigo, el Ninja Apasionado, me encontró sentado en el suelo. No estaba de buen humor.

—Hay objetivos de proceso, de rendimiento y de resultados. —explicó el Ninja Apasionado.

Una forma fácil de recordar esto es P.R.R.

Me quedé un poco confundido.

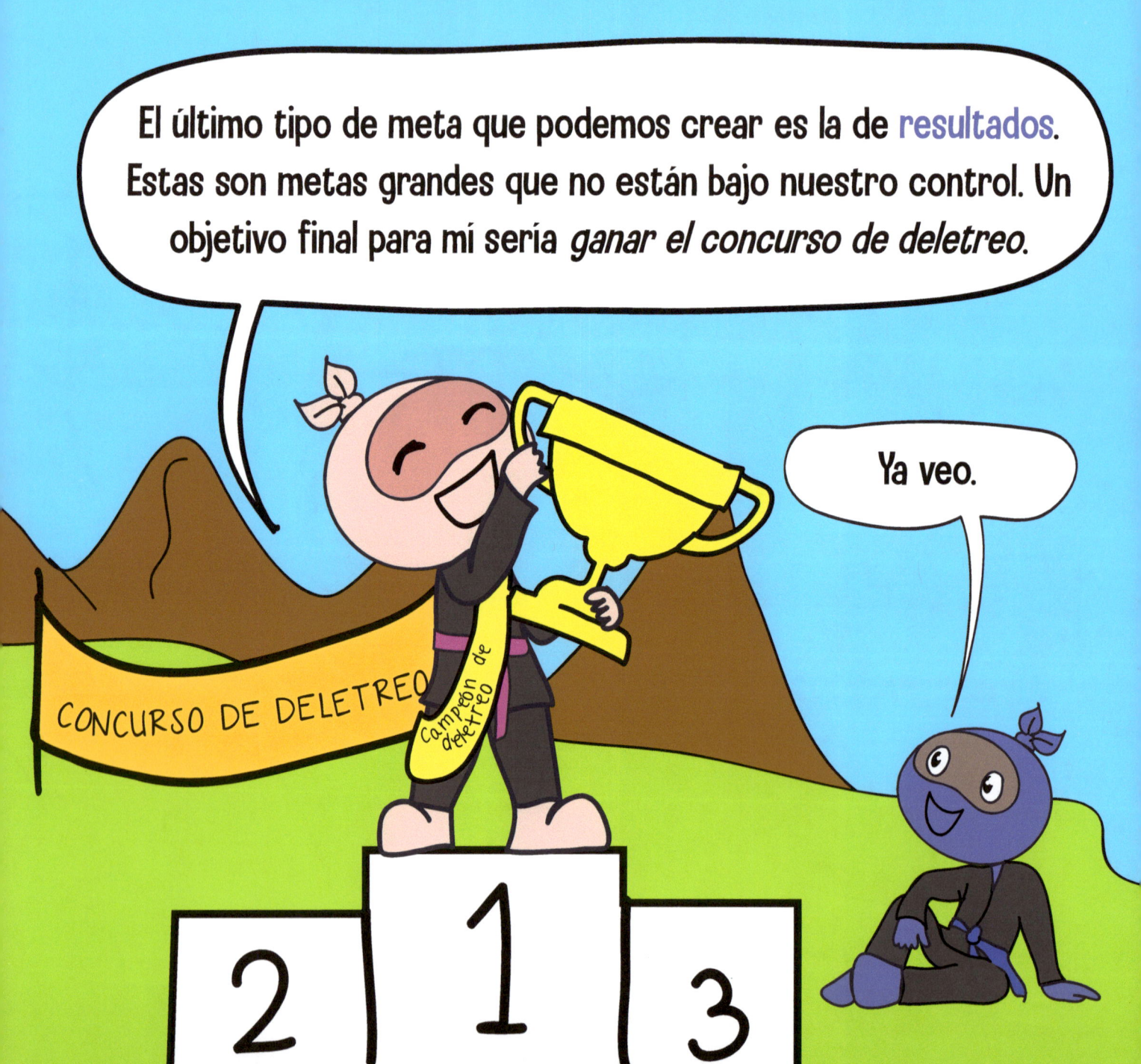

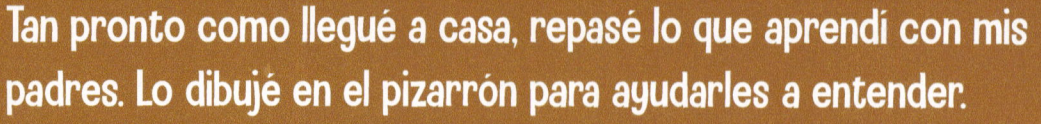

CINTURÓN NEGRO

CINTURÓN MARRÓN

CINTURÓN ROJO

CINTURÓN VIOLETA

CINTURÓN AZUL

CINTURÓN VERDE

CINTURÓN ANARANJADO

CINTURÓN AMARILLO

CINTURÓN BLANCO

OBJETIVO DE PROCESO

- RAMITAS CRUZADAS
- MAZA INTERMITENTE
- ALAS DE SEDA

Mi primer objetivo es un objetivo de proceso que es regulado y medible. Practicaré una hora todos los días en mis técnicas.

Durante los meses siguientes, me esforcé en todos mis objetivos. Recordé mi compromiso conmigo mismo y mantuve las prácticas y el sparring todos los días.

Entonces una tarde, mi profesor de karate me otorgó un cinturón azul. ¡Estaba tan feliz!

Recuerda P.R.R. podría ser tu arma secreta en el logro de tus metas.

PROCESO

¡Visita ninjalifehacks.tv para obtener imprimibles divertidos gratis!

 @marynhin   @GrowGrit
#NinjaLifeHacks

 Mary Nhin   Ninja Life Hacks

 Ninja Life Hacks

 @ninjalifehacks.tv

www.ingramcontent.com/pod-product-compliance
Lightning Source LLC
Chambersburg PA
CBHW041522070526
44585CB00002B/49